PAPIER
FRESSERCHEN
MTM-VERLAG
DIE BÜCHER MIT DEM DRACHEN

Mentions légales:

Veuillez visiter notre site web:
www.papierfresserchen.de

1. Edition 2021 – © Papierfresserchens MTM-Verlag GbR
Mühlstraße 10, 88085 Langenargen, Germany
info@papierfresserchen.de

Tous droits réservés.
Edition originale publiée en 2016: „Die Sehnsucht des kleinen Orange“.

Illustration et couverture du livre: Judith Zacharias-Hellwig

Imprimé en Pologne

ISBN: 978-3-96074-110-7 - Broché

Judith Zacharias-Hellwig

LA NOSTALGIE DE PETIT ORANGE

Ce dont les enfants ont besoin si à jamais leurs parents se séparaient

Ce livre appartient à

....

Pour
Mathilde et Josefine

Il était une fois un Petit Orange qui vivait avec ses parents, Papa Jaune et Maman Rouge, dans une petite maison comfortable d'une banlieue.

Le Petit Orange était un enfant heureux. Il aimait
jouer à la balançoire dans le jardin.

Quand il était de bonne humeur, il se balançait si
haut qu'il pensait pouvoir toucher le soleil avec ses
pieds.

Il était heureux quand ses parents le regardaient et
tendaient les bras pour l'attraper.

Quand Maman Rouge et Papa Jaune étaient avec
lui, il se sentait en sécurité.

Cela rendait le Petit Orange heureux et il le mani-
festait par son éclat orange.

Un jour, alors que le Petit Orange était assis à table pour le dîner avec ses parents comme d' habitude, on pouvait constater qu'il y avait quelque chose de différent …

Maman Rouge regarda son enfant avec plus d'attention que d'habitude. Le Petit Orange n'avait jamais vu un regard aussi sérieux dans les yeux de sa mère, et ce regard lui donnait une étrange sensation dans l'estomac.

Le Petit Orange se sentit gêné à cause de cela.

« Nous avons quelque chose à te dire », dit-elle, « Papa va bientôt vivre dans un autre appartement, à l'autre bout de la ville ».

Le Petit Orange ressentit une douleur lancinante dans l'estomac.

Il devint très calme, malgré le fait
que son cœur battait fort et très vite.

C'est alors que Papa Jaune ajouta : « Tu peux venir me voir toutes les deux semaines et rester avec moi. Entre-temps, je viendrai te chercher à l'école et nous ferons des trucs ensemble.

Bien que nous ne viverons plus ensemble dans la même maison, je serai toujours là pour toi. Je t'aime beaucoup, beaucoup. Rien ne changera cela, je te le promets ! »

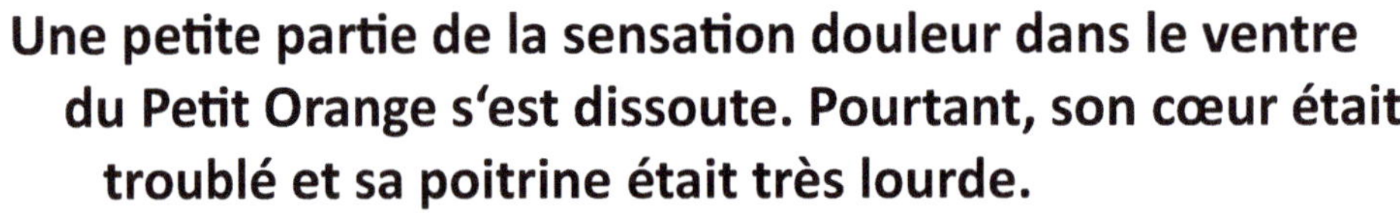

Une petite partie de la sensation douleur dans le ventre du Petit Orange s'est dissoute. Pourtant, son cœur était troublé et sa poitrine était très lourde.

Un nombre de temps s'écoula. La maison changea, le vide devint de plus en plus profond.

Papa Jaune vit désormais dans son nouvel appartement à l'autre côté de la ville.

Le Petit Orange souffre de l'absence de son père. Papa Jaune lui manque tellement.

Soudain, il remarqua qu'il ne brillait plus en orange vif, mais qu'il devenait de plus en plus rouge.

Le Petit Orange n'allait pas bien du tout. Son cœur était si lourd.

Il n'avait guère envie de jouer à la balançoire dans le jardin et de jouer avec ses amis. Il languissait à cause de l'absence de Papa Jaune.

La mère réalisa à quel point son enfant était triste et combien celui-ci devenait de plus en plus rouge. Elle le prit sur ses genoux, lui caressa doucement les joues et essaya de le réconforter en lui disant : « Mon Petit Orange chéri, je vois combien que tu es triste. Que pouvons-nous faire pour que tu te sentes mieux ? »

L'enfant répliqua : « Maman, je suis si triste parce que j'ai envie de Papa Jaune, il me manque tellement. Pouvons-nous le chercher au travail demain, comme nous le fesions autrefois ? »

Sa mère lui fit savoir qu'elle voulait en discuter avec le père et qu'ils pouvaient le faire de cette façon. Maman Rouge avait à peine fini de parler que le Petit Orange allait déjà beaucoup mieux.
Il se sentit compris et considéré par sa mère, si bien qu'il brillait de nouveau presque en orange.

L'enfant avait tellement hâte de voir le lendemain et de voir son père qu'il alla tout de suite peindre un tableau pour son nouvel appartement.

Quelques jours passèrent et le week-end arriva. Le Petit Orange pouvait désormais rendre visite à son père pour la première fois dans le nouvel appartement situé de l'autre côté de la ville et passer la nuit avec lui.

Ils se rendirent à pied au grand terrain de jeu d'aventure et passèrent une merveilleuse journée ensemble.

Au bout de la journée, il y eut même une grande glace pour le Petit Orange, car celui-ci aimait particulièrement les glaces.

Cette journée avec Papa Jaune fit le bonheur du Petit Orange.

Mais quand il était couché dans son lit tard le soir et que tout
autour de lui devenait silencieux, sa tristesse éprouvée dans
l'estomac l'empêchait de s'endormir.

Même s'il était heureux d'être enfin avec son Papa Jaune, il
ressentait encore cette lourdeur dans son petit cœur, qu'il
avait déjà appris à connaître.

Sa Maman Rouge lui manquait. Elle n'était pas là, car elle était
à la maison, dans la petite maison comfortable à l'autre bout
de la ville.

Papa Jaune vit que son Petit Orange, qui avait été si heureux et joyeux pendant la journée, ne se portait pas bien, il ne brillait plus en orange mais devenait jaune.

Son père le prit affectueusement dans ses bras et lui demanda : « Mon Petit Orange chéri, je vois que tu ne vas pas bien, tu as l'air très triste. Que pouvons-nous faire pour que tu te sentes mieux ?

Le Petit Orange, heureux que son père lui ait posé cette question, réfléchit un instant avant de répondre : „Papa, bien que nous ayons passé une merveilleuse journée ensemble aujourd'hui et que je pense que c'est si agréable d'être avec toi, j'ai maintenant envie de Maman Rouge, elle me manque tellement. Puis-je l'appeler et lui souhaiter bonne nuit par téléphone ? »

Le père sourit avec un air soulagé et dit : « Mais bien sûr, tu peux parler à maman au téléphone et lui donner un baiser. Allons dans le salon ensemble et composons son numéro. »

Le Petit Orange se sentait compris par son père et était très heureux. Après avoir parlé à sa Maman Rouge au téléphone, il redevint orange et put s'endormir paisiblement dans son lit, dans le nouvel appartement de Papa, à l'autre bout de la ville.

Le Petit Orange avait compris que quand il était avec son père et qu'il devenait jaune, il désirait ardemment sa Maman Rouge.

Quand il était à la maison avec Maman Rouge et qu'il devenait rouge, il avait envie de Papa Jaune. Son père et sa mère lui manquaient tout autant quand ils n'étaient pas avec lui, et il avait besoin qu'ils soient heureux ensemble.

En effet, comme ses parents étaient très attentifs avec leur enfant, ils ont tout de suite remarqué que leur Petit Orange manquait quelque chose à son bonheur et cela les attrista. Ensemble, ils ont ensuite cherché une solution pour que l'enfant soit à nouveau en meilleure santé.

Le Petit Orange était vraiment bien et pouvait briller joyeusement en orange, à condition d'avoir suffisamment de rouge et de jaune. Et c'était le plus important pour ses parents.

Judith Zacharias-Hellwig est mariée, a deux filles et vit dans le Westerwald.

Elle est une éducatrice agréée par l'État, une pédagogue curative, une thérapeute systémique et une thérapeute familiale. Elle a travaillé pendant plusieurs années en maternelle et dans la thérapie de soins ambulatoires pour enfants au sein d'un centre de pédiatrie sociale.

Après avoir passé cinq ans en congé parental, Judith Zacharias-Hellwig travaille comme thérapeute systémique et superviseuse indépendante.